DANKSAGUNG

Gerhard Henschel

DANKSAGUNG
Novelle

Bebildert von
Alexandra Engelberts

V&R unipress

Wollte ich allen danken, die mir dabei geholfen haben, diese Novelle zu schreiben, müßte ich viele Seiten füllen. Ich beschränke mich daher auf einen intimen Dank an meine verstorbene Lebensgefährtin, die Autorin Birgit Domeleit. Du fehlst mir, Biggi.

In einer Danksagung, die diesen Namen verdient hätte, wären jedoch an erster Stelle meine Adoptiveltern zu nennen: Adele und Jan-Ulrich Brönner. Ihnen verdanke ich mehr, als sich in Worten formulieren läßt.

Die vorliegende Studie, begutachtet von Prof. Willy Hoeffken und Dr. Jacques de Rochemont, ist die gekürzte und überarbeitete Fassung einer Untersuchung, die im Wintersemester 1998/99 von der Philosophischen Fakultät der Universität Bielefeld als Habilitationsschrift angenommen worden war und dann von mir wegen gravierender Formfehler zurückgezogen wurde. Zu verdanken habe ich das meiner als "Tippse" dilettierenden Adoptivmutter, die mir im übrigen jedesmal mein Leibgericht auftischte, wenn ich in den Semesterferien nach Detmold kam. Danke, Adele!

Vielen Menschen bin ich bei meiner Arbeit begegnet. Aus einigen Begegnungen wurden Freundschaften. Besonders nennen möchte ich Dr. iur. Wilfried Bremm, Richter am Oberlandesgericht Köln a.D. und Mitglied des Rheinschifffahrtsobergerichts Köln, den Präsidenten der Wasser- und Schiffahrtsdirektion Südwest in Mainz, Herrn Dipl.-Ing. Claus Rost, Herrn Giuseppe Rummel, Hotelier in Überlingen, sowie Hans-

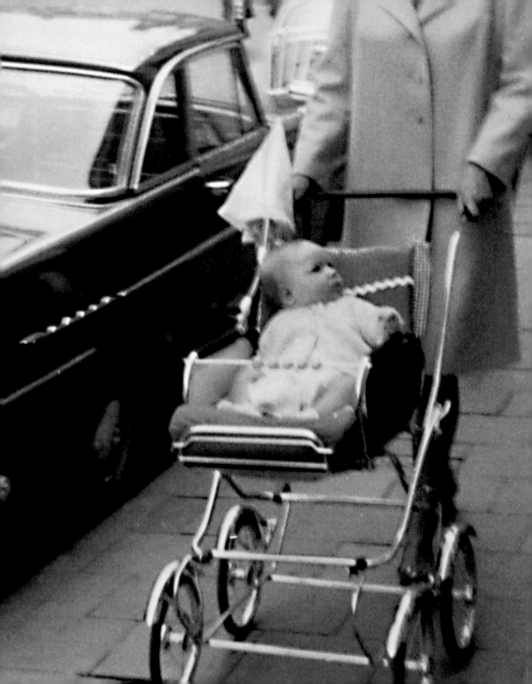

Günther Schmalenberg vom Diözesanarchiv Aachen. Ihre Anteilnahme ging weit über alles hinaus, was ich mir hatte erhoffen dürfen.

Es soll nicht unerwähnt bleiben, daß ich mich bis heute meiner Adoptivmutter Adele Brönner dankbar verbunden weiß. Sie war es, die mir das tiefe Mißtrauen gegen Gernot Nußbaum einflößte. Zudem war sie meine erste und immer geduldige Zuhörerin. Ich stehe tief in ihrer Schuld.

Zum Schluß gilt mein besonderer Dank Annika Overath. Niemals werde ich vergessen, wie sie mir mental und psychisch aufhalf, als ich wegen unerträglich gewordener Lebensumstände vor meinem damaligen WG-Mitbewohner Egbert Heestermann geflohen war. Nur Annikas gutes Zureden bewahrte mich seinerzeit vor einer Kurzschlußhandlung. Dank gebührt nicht zuletzt dem Vorstand der Provinzial-Feuerversicherungsanstalt der Rheinprovinz und dem Hauptverband der Gesellschaft der Pilzfreunde Siegen.

Kann man heute noch einen Entwicklungsroman schreiben? Diese Frage trieb mich immer wieder um. Die schärfsten Zweifel säte Dr. Friedrich Genter in mein Herz, als er mir in der Fuggerstadt Augsburg nach

einer Podiumsdiskussion über den Gottesbegriff im Werk von Wilhelm Raabe den Handschlag verweigerte. Heute kann ich sagen, daß ich daraus gelernt habe, Selbstzweifel produktiv umzusetzen.

Für wertvolle Diskussionen und verschiedene Arten von Hilfe bei meinem "Federkrieg" mit Fachwissenschaftlern in Bremen und Prag danke ich Albert Gode, Lionel Grimm und Marianne Erft. Der Direktor des Bingener Instituts für Begegnungen, Dr. Karl Hoffmeister, verwöhnte mich mit außerordentlicher persönlicher Gastfreundschaft. Von besonderer Bedeutung war für mich die Auswertung der Akten des pfälzischen Vormundschaftsgerichts. Ohne diese Unterstützung hätte ich den Hergang der Ereignisse vor meiner Geburt nicht rekonstruieren können.

Zu danken habe ich auch Gernot Nußbaum, Gabi Strygalski und Kogo Yamamoto. Sie knüpften den Faden zu meinen Adoptiveltern wieder an, als ich wegen der Geschichte mit der vertraulichen Geheimzahl verdrießlich gestimmt war. Honni soit qui mal y pense!

Hilfreich war auch die nimmermüde Kritik meines Fahrlehrers Udo Ahlert, der mir in einer schwieri-

gen Lebenssituation sein Auto lieh und des öfteren ein Auge "zudrückte", wenn die Wogen der Diskussion hochschlugen und ich mich auf Standpunkte versteifte, die mir heute nicht mehr plausibel erscheinen.

Ferner sei Kogo Yamamoto gedankt. Er stellte den Kontakt zu den Pilzfreunden Siegen her, deren Zuspruch mir ein ums andere Mal neuen Auftrieb gab. Wertvolle Anregungen verdanke ich auch den Mitarbeitern der Parlamentsbibliothek in Ottawa.

Mit sachkundigem Rat stand mir auch Lionel Grimm zur Seite. Er begleitete die Entstehung dieses Buches mit Kommentaren und förderte sein Gelingen mit großem diplomatischem Geschick.

Für effektive Kooperation und engagierte Mithilfe zu danken habe ich außerdem Kogo Yamamoto und Udo Ahlert. Nur dank solcher Zusammenarbeit war es möglich, die vorliegende Publikation in so kurzer Zeit fertigzustellen. Einzelrecherchen übernahmen in kollegialer Weise das Kapuzinerkonvent in Eichstätt und das Missionshaus St. Gabriel in Mödling bei Wien. Die Drucklegung wurde dankenswerterweise maßgeblich von der Hans-Böckler-Stiftung gefördert. Vielen herzlichen Dank.

Ein hilfsbereiter Ansprechpartner war mein Ziehvater Jan-Ulrich Brönner, der meine Arbeit von Beginn an mit solidarischem Rat begleitete. Für alle Unzulänglichkeiten dieses Werks trage natürlich ganz allein ich die Verantwortung.

Beratung und Akteneinsicht gewährten mir Studiendirektor i.K. Lic. theol. Hans-Günther Schmalenberg vom Diözesanarchiv Aachen und Staatsarchivdirektor Dr. Bernd Ottnad vom Beatusbad in Koblenz. Ohne ihren Langmut und ihr Verständnis hätte dieses Buch nicht geschrieben werden können.

Dankbar hervorheben möchte ich auch die Bereitschaft meiner Freundin Gabi Strygalski, das Manuskript auf Rechtschreibfehler durchzusehen. Sie zeigte von Anfang an großes Interesse an meiner Arbeit und war mir eine verständnisvolle Helferin.

Ein Wort des Dankes geht auch an die Pilzfreunde Siegen und insbesondere an deren Vorsitzenden, Herrn Kogo Yamamoto, für sein wissendes Lächeln und für die Hintergrundgespräche, in denen er mir die Augen über das Kapuzinerkonvent in Eichstätt öffnete.

Finanziert wurde meine Arbeit vom Deutschen Akademischen Austauschdienst. Das größte Verdienst für alle Qualitäten, die dieses Buch haben mag, hat indessen meine Lektorin erworben, deren Scharfsinn, Konzentration und Heiterkeit während einer langen und schweren Prüfung nie versiegten: Tiffy Steltzer.

Aus Böhmen nenne ich noch: Harry Michels, Elke Zwitters, Kogo Yamamoto und Dr. Jacques de Rochemont. Ohne ihre freundlichen Ratschläge hätte dieses Buch eine völlig andere Gestalt angenommen.

Mein besonderer Dank sei darüber hinaus den Mitarbeitern des Militärgeschichtlichen Forschungsamtes in Freiburg übermittelt. Basil O'Sullivan, seine Frau Amelie und ihre drei Kinder Dennis, Ulla und Andreas schufen mir im Schwarzwald ein Zuhause, in dem ich mich stets "wie zuhause" fühlte.

Gefördert wurde meine Untersuchung durch die Volkswagen-Stiftung im Rahmen eines an der Freien Universität Berlin durchgeführten Projekts und durch das Graduiertenkolleg für Sozialgeschichte an der Universität Bielefeld, betreut durch die Herren Ottnad, Oberbaum und Schnirz. Kein Autor kann sich

eine bessere Unterstützung wünschen als jene, die ich von diesen drei Herren erfuhr.

Die Idee, ein solches Unternehmen überhaupt zu beginnen, verdanke ich meinem Jugendfreund Lionel Grimm, der mich in einer schwierigen Werkphase auch dazu ermutigt hat, die einmal angefangene Arbeit mit Schreibkräften aus Rüsselsheim und Gustavsburg fortzusetzen, trotz meiner Enttäuschung über den Verrat, den Elke Zwitters und Dr. Jacques de Rochemont an mir begangen hatten. Möge meine Arbeit nun Segen verbreiten und keiner aufrichtigen Seele wehe tun.

Meine Danksagung wäre freilich unvollständig ohne die Nennung des Namens von Udo Ahlert, eines echten Freundes, dem ich unschätzbare stilistische Kniffe verdanke.

Für die intensiven Gespräche und last but not least für die Hilfe bei der Zusammenstellung des Quellenmaterials fühle ich mich auch Hansi Wolter und Evelyn Mühlich zutiefst verbunden. Die wertvollste Unterstützung erhielt ich allerdings von meinen sechs Kindern, die trotz schwierigster Umstände immer locker, unbeschwert und ausgeglichen blieben.

Überhaupt erst ermöglicht wurde diese Arbeit durch ein Stipendium der Nutella-Werke und der Guggenheim Memorial Foundation.

Anzumerken wäre noch, daß ich aus vielerlei Debatten Nutzen gezogen habe. Es ist mir unmöglich, jedem einzelnen meiner Freunde, die daran beteiligt waren, meinen Dank abzustatten. Genannt seien hier nur Jacques de Rochemont, Udo Ahlert, Basil O'Sullivan und Gernot Nußbaum. Sie haben mich sehr unterstützt.

Eine aufmunternde Postkarte schickte mir Harry Michels: "Halte aus im Sturmgebraus!" So brachte er mich in einer unangenehmen Phase der Arbeit wieder in Kontakt mit meiner eigenen Verwundbarkeit.

Den vielen, denen ich darüber hinaus Dank für Widerspruch und Belehrung schulde, mögen diese Blätter, wenn sie ihnen einmal vor Augen geraten sollten, einen Gruß bringen, der von Herzen kommt. Die Gastlichkeit, die ich bei meinen Reisen überall genoß, war mir eine Erquickung, für die an dieser Stelle allen, mit denen ich einen Händedruck getauscht habe, ein herzliches "Dankeschön!" dargebracht sei.

Zu Dank verpflichtet bin ich auch Dr. med. Dipl.-Phys. J. J. Jennissen vom Kölner Strahleninstitut, Prof. Hoeffken sowie Dr. med. G. Trott und den Mitarbeitern des Paracelsus-Krankenhauses in Bad Liebenzell. Wenn ich dieses Buch vollenden durfte, so verdanke ich es diesem stillen Haus, seinen Ärzten und Pflegern, und auch Annemarie und Heinrich Böll, die dorthin die Verbindung knüpften.

Beim Korrekturlesen halfen mir, im Rahmen ihrer Möglichkeiten, Hansi Wolter und Basil O'Sullivan. Teile des Werks in verschiedenen Stadien lasen Dr. Bernd Ottnad, Peter Hellrath und Kogo Yamamoto. Ihnen allen will ich danken.

Für meine Familie haben sich Belastungen ergeben, die von ihr mit frohem Mut ertragen worden sind. Eine andere, große Dankesschuld abtragen muß ich gegenüber Sven Oberbaum für Hilfe mannigfacher Art sowie für seine impulsgebende Wirkung in der Startphase des Projekts. Er öffnete mir Türen.

Ermöglicht wurde dieses Buch durch die Unterstützung der Fritz-Thyssen-Stiftung und der Deutschen Forschungsgemeinschaft, aber auch durch das große Engagement all derjenigen, die an der kon-

zeptionellen und organisatorischen Vorbereitung beteiligt waren. Hier sei insbesondere der Herren Oberbaum und Schnirz gedacht und gedankt.

Gerne erinnere ich mich der freundlichen Aufnahme, die ich in der Parlamentsbibliothek in Ottawa fand. Unter den vielen, die mir dort Hilfe angedeihen ließen, möchte ich besonders Kogo Yamamoto erwähnen.

Dr. Wolfgang Schleissing hat mir beim Tapezieren geholfen und das Korrekturlesen übernommen. Auch das war wichtig. Eine Ermutigung besonderer Art ging von den entgegenkommenden Bediensteten der Hamburger Staats- und Universitätsbibliothek aus. Es ist mir ein Vergnügen, ihnen meinen Dank auszusprechen.

Schließlich möchte ich meinen Adoptiveltern danken, die mir mit Rat und Tat zur Seite standen, wenn es hart auf hart ging, vor allem in der turbulenten Schlußphase, als Prof. Hoeffken bei der Mainzer Wasser- und Schiffahrtsdirektion Südwest gegen mich intrigierte und mittels einer gefälschten Expertise für böses Blut sorgte. Ich war oft nahe daran, die Brocken hinzuwerfen. Allen, die

mich damals ermunterten, nicht aufzustecken, bin ich dankbarer, als ich es in Gefühlen auszudrücken vermag.

Es ist mir ein Bedürfnis, auch dem Auswärtigen Amt und dem Hessischen Ministerium für Wissenschaft und Kunst zu danken, die den Autor in einer für den Fiskus so widrigen Ära großzügig unterstützt haben. Auch meinem verehrten Lehrer, Herrn Albert Gode, will ich bei dieser Gelegenheit meinen tiefempfundenen Dank für seine Anteilnahme an der Entstehung des vorliegenden Werkes entschnürtigen.

Mein ganz besonderer Dank gehört Frau Susanne Franzkeit, der ebenso aktiven wie attraktiven und idealistischen Präsidentin der Vereinigung Les amis du Hartmannswillerkopf/Section du Club Vosgien, die mir in liebenswerter Weise die Geographie und die ureigene Atmosphäre der Bergwelt nahebrachte, als ich mit Röteln darniederlag.

Stellvertretend für die vielen Gesprächspartner, die mir - sicherlich oft unfreiwillig - entscheidende Denkanstöße gaben, möchte ich Professor Dr. Notker Schnirz nennen. Auch er trug bei zum Erfolg des Unternehmens, half er mir doch unbürokratisch

weiter, als ich wegen gewisser Unregelmäßigkeiten einen Detektiv auf Tiffy Steltzer ansetzen wollte, und schon einen Monat später hielt ich den Beweis dafür in Händen, daß sie mit Basil O'Sullivan unter einer Decke steckte.

Eine große Dankesschuld abzutragen habe ich auch gegenüber meinem Schwager Sven Oberbaum. Er erkannte, daß Marianne Erft ein falsches Spiel spielte, doch zu spät — als er mich warnen wollte, zog sich die Schlinge zu, die auch Annika Overath und ihr Busenfreund Albert Gode geknüpft hatten.

Von den Mitgliedern der Schreibwerkstatt Lübeck, denen ebenfalls mein Dank gilt, seien hier nur Giuseppe Rummel und die Pilzfreunde Siegen genannt. Die gleichbleibende Freundlichkeit dieser Kollegen vermochten auch komplizierte Anfragen nicht zu erschüttern.

Die Niederschrift der Novelle erforderte neben personellen und technischen auch enorme finanzielle Anstrengungen, welche der Verlag und ich aus eigener Kraft nicht hätten aufbringen können. Und so gilt mein allererster Dank dem rheinland-pfälzischen Kultusministerium und dem Wilhelm-Hack-

Museum. Sie haben durch ihre Spenden in namhafter Höhe wesentlich zum Gelingen des vorliegenden Werkes beigetragen, das ohne die kontinuierliche Förderung durch die Firma Wintershell AG Makulatur geblieben und vermutlich schon am hinhaltenden Widerstand der thüringischen Ministerialbürokratie gescheitert wäre, namentlich an Albert Gode, der keine Gelegenheit verstreichen ließ, mir Knüppel zwischen die Beine zu werfen.

Angesichts der sich häufenden Todesfälle in meinem näheren Bekanntenkreis stand ich lange Zeit vor einem Rätsel, wobei Peter Hellrath, dessen Leidenschaft für gerichtsmedizinische Fragen nur noch von seinem umwerfenden Humor übertroffen wird, mich durch seine umsichtige Redaktion vor einigen Peinlichkeiten bewahrte. Unsere Gespräche waren mir Kritik, Korrektur und Herausforderung zugleich. Es erübrigt sich, zu betonen, daß allein ich für etwaige Ungenauigkeiten verantwortlich bin.

Dank und Anerkennung gehen selbstverständlich auch an Udo Ahlert und Egbert Heestermann aus der Humboldstraßen-WG. Hallo-knallo! Na, wie schmeckt's? Steht Ihr immer noch auf angebrannte Schmorgurken?

Über die Story mit der verwechselten Hose kann ich mich heute noch beömmeln. Das müßte man eigentlich auch mal alles aufschreiben, was wir so erlebt haben in unseren wilden Jahren als verkleidete "Kiebitze" am Colloquium für Frauen- und Geschlechtergeschichte. Aber Ihr wißt ja, wie's ist – wenn man erstmal im Beruf steht und eigene Kinder hat, rinnt einem die Zeit durch die Finger, und ehe man sich's versieht, ist man wieder ein Jahr älter geworden. C'est la vie! Oder, wie ein weiser alter Mann mal gesagt haben soll: "Und ist der Schwanz geknickt, dann wird nicht mehr gefickt, dann saufen wir die Eier aus und schmeißen den Sack zum Fenster raus!"

Ohne das zweijährige, vom Evangelischen Studienwerk Villigst bewilligte Stipendium und eine Überbrückungshilfe des Roettgen-Instituts für Europäische Kirchengeschichte wäre diese Novelle ungeschrieben geblieben. Der Geschwister-Boehringer-Ingelheim-Stiftung danke ich für die Gewährung eines Zuschusses zu den Druckkosten. Sonst noch jemand ohne Fahrschein?

Bevor ich zum Schluß komme, ist es mir eine angenehme Pflicht, den ausgezeichneten Helfershelfern

Rummel, Schnirz und Jennissen lebhaften Dank zu sagen für zahlreiche Berichtigungen in den historischen, statistischen und juristischen Abschnitten. Es gibt gewisse Kritikaster, die das als Erbsenzählerei betrachten. Dergleichen Schiefmäuligkeit liegt mir fern, und ich hoffe, mich für die erwiesenen Dienste dereinst erkenntlich zeigen zu können, immer unter der Voraussetzung, daß ich dem Schuldenturm entrinne, in welchem Dr. Wolfgang Schleissing mich gefangenhält. Im Grunde ist es ja eine moderne Form der Sklaverei, was dieser Mann betreibt, doch ich will nicht hadern, weder mit meinem Schicksal noch mit Dr. Wolfgang Schleissing, der, wie ich inzwischen weiß, nur im Auftrag der sogenannten Pilzfreunde aus Siegen handelt, wobei ich besonders die Tätigkeit des Pförtners Hermann Kalldeweit hervorheben möchte. Ihm verdanke ich viel.

Zum Schluss gedenke ich dankbar der freundschaftlichen, vielfach fördernden Anteilnahme, die Udo Ahlert im Verbund mit Dr. med. G. Trott an der Entstehung dieses Buches genommen hat. Mit Dank vermerkt sei an dieser Stelle auch die Hilfsbereitschaft der Gemeindesekretärin Gabi Strygalski. Viel zu früh ist sie von uns gegangen.

Wenn ich jemanden vergessen haben sollte, tut es mir leid. Ich kann es nun nicht mehr. Zwischen Birgit Domeleit, Amelie Becker und Elke Brüggenhorst fühle ich mich nach wie vor hin- und hergerissen, quasi dreigeteilt, wie es auch Deutschland vor der glücklichen Epochenwende war und im Grunde ja auch heute noch ist. In diese unruhigen Zeiten hinein entsende ich meine Novelle. Fahre wohl, kleines Buch! Mögest du Bestand haben im Ozean des Büchermarkts und nicht zermalmt werden zwischen den restlichen rund 85.999 Neuerscheinungen. Habent sua fata libelli, wie dieser eine olle Grieche mal gesagt hat, dem ich auf den Knien meiner Füße danken möchte.

Gerhard Henschel
Hamburg, im Herbst 2005

Bibliografische Information Der Deutschen Bibliothek

Die Deutsche Bibliothek verzeichnet diese Publikation in der
Deutschen Nationalbibliografie;
detaillierte bibliografische Daten sind im Internet über
http://dnb.ddb.de abrufbar.

ISBN 3-89971-235-8

© 2005, V&R unipress in Göttingen / www.vr-unipress.de

Gesamtherstellung: Hubert & Co., Göttingen
Gedruckt auf alterungsbeständigem Papier.